AF370908

MANUEL

DU

NAVIGATEUR.

Typographie de Firmin Didot Frères, rue Jacob, 56

MANUEL PRATIQUE ET THÉORIQUE

DU NAVIGATEUR

OU

CONVERSATIONS EN ANGLAIS ET EN FRANÇAIS SUR DES SUJETS NAUTIQUES;

PRÉCÉDÉ

D'UN ABRÉGÉ DE GRAMMAIRE ANGLAISE,

OU SONT TRAITÉES TOUTES LES DIFFICULTÉS DE LA CONJUGAISON ET DES PRÉPOSITIONS, ADVERBES, ELLIPSES, ETC., ETC.,

ET TERMINÉ

PAR UNE LISTE COMPLÈTE DE VERBES IRRÉGULIERS,

AUGMENTÉE DES PRINCIPAUX VERBES RÉGULIERS DONT LA RACINE NE SE TROUVE NI DANS LE LATIN NI DANS LE FRANÇAIS, MAIS SEULEMENT DANS LES LANGUES DU NORD, Y COMPRIS L'ALLEMAND;

A L'USAGE DE L'HOMME DE MER, DU COMMERÇANT, ET DE TOUS CEUX QUI VOYAGENT SOIT EN CURIEUX, SOIT COMME SAVANTS;

OUVRAGE PRINCIPALEMENT DESTINÉ A CETTE PORTION DE LA JEUNESSE QUI SE DESTINE A LA MARINE MILITAIRE OU MARCHANDE.

PAR M. L^s DE GÉRIN-ROZE,

ANCIEN OFFICIER DE MARINE,

MEMBRE DE LA SOCIÉTÉ DES MÉTHODES, PROFESSEUR DANS PLUSIEURS ÉCOLES PRÉPARATOIRES ET INSTITUTIONS DES DEUX SEXES,

INTERPRÈTE ASSERMENTÉ PRÈS LES TRIBUNAUX,

TRADUCTEUR OFFICIEL DU MINISTÈRE DE LA MARINE, ET, PENDANT 3 ANS, COMMISSAIRE EXAMINATEUR POUR LES COMPOSITIONS ANGLAISES DES CANDIDATS A L'ÉCOLE NAVALE;

AUTEUR DES TABLEAUX SYNOPTIQUES, DE L'ÉTUDE PITTORESQUE RAISONNÉE, D'UNE PROSODIE ANGLAISE

ADOPTÉE PAR L'UNIVERSITÉ POUR LES COLLÉGES ROYAUX,

ET HONORÉE DES SOUSCRIPTIONS DE LA LISTE CIVILE ET DU MINISTÈRE DE LA MARINE,

DE L'ABRÉGÉ DE GRAMMAIRE ANGLAISE, ET DU MANUEL DE L'ÉLÈVE DE LA MARINE.

PARIS,

CHEZ L'AUTEUR, RUE DE VAUGIRARD, 31;

AU CERCLE DES ÉTRANGERS, RUE NEUVE SAINT-AUGUSTIN, 55;

ET CHEZ LES PRINCIPAUX LIBRAIRES DE PARIS ET DES PORTS DE MER.

———

1840.

A Son Excellence l'Amiral, pair de France, baron ROUSSIN, *membre de l'Institut et du bureau des longitudes, Ministre de la marine et des colonies.*

MONSIEUR LE MINISTRE,

J'ai l'honneur de vous adresser mon *Manuel pratique du navigateur*, en anglais et en français, auquel vous voulez bien me permettre d'attacher votre nom, ce nom illustre à tant de titres, et qui, devenu synonyme de science et de valeur, lègue à la jeunesse, à laquelle je destine mon ouvrage, un si noble exemple à suivre.

Rio-Janeiro et le Tage, forcés en revendication de nos droits, de notre dignité nationale outragée; les côtes de l'Afrique patiemment explorées, pourraient dignement résumer et la partie militaire et la partie scientifique d'une existence aussi bien remplie que la vôtre.

La pépinière d'officiers de notre armée navale, en vous voyant à sa tête, aura sous les yeux une preuve vivante de ce que peut la persévérance unie à des connaissances éten-

dues et au courage du champ de bataille.
L'Inde, où vous secondâtes avec éclat votre
compagnon de gloire, l'illustre amiral Du-
perré, viendrait joindre son imposant té-
moignage à celui de tant d'autres lieux célè-
bres, théâtres des services que vous avez rendus
à la patrie et à l'humanité.

Quant à moi, déshérité des brillants avantages auxquels l'homme énergique peut pré-
tendre dans cette noble carrière, qui m'a
été fermée par onze années de captivité,
j'éprouve le besoin de déposer ici mon tri-
but d'admiration, unie à la reconnaissance,
pour l'appui tutélaire que Votre Excellence
veut bien prêter au livre qu'elle reconnaît
utile ; et suis, avec un profond respect,

De Votre Excellence,

Le très-humble et très-obéissant serviteur,

L^s DE GÉRIN-ROZE,

Traducteur interprète juré près les tribunaux
et traducteur officiel du ministère de la marine.

INTRODUCTION

A U

DISCOURS SUR L'IMPORTANCE DE L'ÉTUDE DES LANGUES
VIVANTES.

Lorsque Charles - Quint a dit : *Autant de langues un homme sait parler, autant de fois il est homme !* ce n'était pas une hyperbole, c'était une vérité. En effet, si les perceptions matérielles arrivent à tous les humains presque de la même manière, il n'en est pas moins vrai que, suivant des conditions diverses, et de temps et de lieu, nous sommes différemment affectés par ces mêmes perceptions. Il est encore très-vrai que ces sensations, ou physiques ou morales, sont peintes par des images qui deviennent l'expression fidèle de nos habitudes, de nos mœurs, de nos goûts dominants, de nos sympathies comme de nos antipathies. L'Arabe compare les yeux qui l'ont charmé à ceux d'un cerf ou d'une gazelle ; l'Anglais, parlant du travail, emploie cette figure : *Le paresseux voudrait bien manger l'amande, mais répugne à la peine d'en briser la coquille ;* métaphore toute matérielle et positive. Le Français d'autrefois, personnifiant la patrie dans le souverain, et son propre bonheur dans des affections d'un autre genre, gravait sur son *écu,* au-dessous d'une branche de *lis* et d'un bouquet de roses : *Tout pour* EUX *et pour* ELLES. Ces images révèlent et résument trois existences tout aussi disparates entre elles

que sont éloignées les unes des autres les lati-
tudes des nations dont ces manières de sentir
portent le cachet. Mais toutes ces comparaisons
où prirent-elles naissance, si ce n'est dans les
besoins qui créent les habitudes, lesquelles,
à la longue, font partie des mœurs? Or,
si pour les peuples civilisateurs, conséquem-
ment observateurs, rien n'est futile, rien n'est
indifférent, c'est dans les écrits, ces traditions
vivantes en quelque sorte, qu'il convient d'étu-
dier les caractères distinctifs des innombrables
peuplades qui couvrent notre globe. C'est encore
en puisant avec ardeur dans les chroniques des
âges reculés, mais surtout en les méditant, que
nous formulons nos opinions, et dispensons le
blâme ou l'éloge que mérite tel fait, telle doc-
trine, tel usage, telle loi. Partant de là, l'homme
studieux, aux veilles laborieuses duquel nous
devons les conquêtes du passé, a dû fouiller
des multitudes d'écrits, voire même en appa-
rence les plus indigestes, pour remonter au ber-
ceau des sociétés, et nous expliquer par quelle
transformation successive et graduée la civilisation actuelle est arrivée jusqu'à nous. De là, cette
haute estime que nous professons pour ceux
qui se sont consacrés à l'étude des langues ; et
de là encore cette pensée de Charles-Quint :
*Autant de langues un homme sait parler, au-
tant de fois il est homme.*

DISCOURS PRÉLIMINAIRE.

CONSIDÉRATIONS GÉNÉRALES

Sur l'importance de l'étude des langues vivantes : motifs qui doivent faire accorder la préférence à l'anglais.

Si la langue d'un peuple doit jamais intéresser un autre peuple, c'est lorsque celui-ci trouve dans cette langue ce type de haute intelligence, de liberté progressive qui promet, à mesure que le temps marche, les améliorations sociales que toute nation doit envier, et que chacune est tôt ou tard appelée à réaliser, en les greffant avec prudence sur ses propres institutions.

Le point de perfection qu'une langue peut atteindre, prend ordinairement pour niveau le degré de puissance des peuples qui la parlent, surtout quand cette puissance n'est pas, comme sous Charlemagne, l'effort passager du génie d'un seul homme, mais le produit des forces vitales de ce peuple. Dans le premier cas, elle ne laisse, en général, que des traces de son passage bientôt effacées, si, toutefois, elle ne lègue pas à l'avenir des ruines éternelles. Dans le deuxième cas, au contraire, on pourrait la comparer à un arbre d'une belle venue, qui, après avoir traversé toutes les vicissitudes des saisons, se couvre de beaux fruits lentement mûris aux rayons d'un soleil généreux, mais jamais dévorant. Or, quand l'influence dominatrice d'une langue persiste à travers les révolutions des siècles; lorsque, cultivée pendant plus de mille ans, elle a rendu d'abord des sons rauques et glapissants comme le cri du sauvage; et que plus tard, instrument devenu docile, elle s'est assouplie aux notes les plus suaves; lorsqu'elle a servi à des hommes d'État du premier ordre, à des poëtes sublimes, à des philosophes profonds, à des orateurs éloquents, à des savants tels que Locke, Bacon, Newton et Addison, pour exprimer et peindre les richesses inépuisables de leurs pensées; lorsqu'elle a réussi à formuler avec bonheur les abstractions les plus arides, comme aussi les images les plus éclatantes, il est bien incontestable, alors, que cette langue ne peut être que la création successivement perfectionnée d'un peuple parvenu à l'apogée de la civilisation.

Quelles sont les langues qui fleurirent mille ans avant J.-C. et huit cents ans après? les idiomes des Grecs et des Romains, qui, tour à tour, en asservissant l'univers connu, parvinrent à le peupler, à le civiliser, puis à en reculer les bornes. Mais, dans les temps anciens, le soleil de la civilisation ne se levait sur une contrée qu'après avoir quitté l'horizon d'une autre contrée. Aujourd'hui la civilisation peut s'étendre au dehors sans cesser de se développer par un mouvement continu chez un même peuple. C'est ainsi que la France verse à l'Afrique des germes féconds de moralité et de prospérité matérielle, tout en s'avançant elle-même dans la voie des améliorations. Dans notre ère nouvelle, la civilisation qui se propage ne saurait plus périr aux lieux où déjà elle a poussé des racines vivaces. L'Angleterre elle-même, malgré l'égoïsme qu'on lui reproche, sait faire pénétrer les sciences et les arts de notre vieille Europe dans ses colonies les plus lointaines, et n'a certainement pas abdiqué la noble ambition qui la porte à reviser ses institutions, ainsi qu'à perfectionner les procédés de son industrie.

Or, si la langue d'un peuple suit les progrès de sa propre civilisation, il est permis d'affirmer que l'idiôme qu'ont illustré les Shakspeare et les Bacon est loin encore d'avoir parcouru le cercle de ses destinées. Si, au commencement du dernier siècle, il n'avait encore pénétré qu'en Amérique, et si ce n'est que vers la fin de ce même siècle qu'il s'est implanté dans les Indes, croyez que cet idiome ne s'arrêtera ni à l'Australie ni à la Polynésie. Il est certainement appelé à faire de nouvelles conquêtes sur des terres encore ignorées, et à mesure qu'il se répandra au dehors, comme la civilisation britannique qu'il représente, il s'enrichira de tous les trésors dont les Bacon et les Shakspeare futurs ne manqueront pas de le doter. Quelle n'est donc pas l'importance d'une langue qui fait ainsi le tour du monde, qui est appelée peut-être à devenir l'interprète universelle du commerce, cette grande passion de notre âge; comme aussi, de son côté, la langue française est restée et restera, par son immortelle clarté, la langue de la diplomatie! Cette diffusion croissante de la langue anglaise est due autant aux qualités qui lui sont propres qu'à la puissance des peuples qui la parlent. En effet, chacune des langues des deux peuples géants, destinée dans les siècles futurs à devenir *classique*, a conservé l'empreinte plus ou moins profonde de son caractère primitif. Au français le naturel et la simplicité, joints à l'harmonie de celles de ses désinences empruntées à des langues plus méridionales, et se modulant sur tous les tons : frémissant avec le vert feuillage, bruissant avec l'onde du torrent; terrible dans Corneille, naïf avec La Fontaine; mordant et satirique avec Boileau; joyeux, caustique et incisif avec Béranger; tonnant dans la bouche de Mirabeau; méditant avec Fléchier et Massillon; convainquant avec Bossuet; persuasif avec Fénelon; lyrique avec J.-B. Rousseau, Hugo, Lamartine et le parfait Racine, qui nous émeut aux larmes; plein d'esprit, de finesse, avec l'inimitable Molière (1) et Voltaire; raisonnant avec Pascal et J.-J. Rousseau; nous remuant religieusement avec Châteaubriand et Lamennais; sondant avec Cuvier, Arago et Cousin, les profondeurs de la science et de la philosophie.

(1) Et auquel on peut appliquer à juste titre ce vers de Chénier :

« L'*esprit,* c'est la *raison* qui finement s'exprime. »

L'essence de l'anglais, c'est la concision, et la mâle énergie qu'elle engendre ; à cette concision tout en lui contribue. Ses mots primitifs ou natifs sont tous monosyllabes, un très-grand nombre composés de deux, trois ou quatre lettres au plus ; ses adjectifs invariables quant au genre et au nombre ; ses verbes n'ont que de cinq à sept désinences ; un seul en possède onze, c'est le verbe *to be*, être. Tout mot, ou à peu près, selon le sens ou son cadre, peut jouer le rôle de nom, de verbe, d'adjectif ou d'adverbe, parfois même de conjonction. Ses futurs et conditionnels, privés des terminaisons harmonieuses qui sont le privilége des langues méridionales, recourent au présent et au passé des verbes qui expriment l'idée de la *volonté*, du *devoir*, de l'*exécution*, de la *puissance* dépendante ou indépendante — devoir d'intérêt matériel, de convenance ou d'intérêt moral, enfin de *nécessité*.

Le génie de chaque langue participe, à la fois, du climat, des besoins, des habitudes que ces derniers amènent, puis des mœurs qui en découlent. Or, les enfants d'Albion ayant eu, dès l'origine, à lutter, et contre l'âpreté des saisons, et contre la férocité des hordes scandinaves ou saxonnes envahissantes, exprimaient leurs besoins avec cette brièveté qui prouve peu de temps à dépenser en paroles oiseuses. De là cette mâle énergie, cette force d'articulation, enfin ce caractère dominant de *laconisme* qui a triomphé de la conquête même ; car ni les Romains qui, durant quatre siècles, appesantirent leur sceptre de fer sur les Iles Britanniques, ni le conquérant Guillaume, ne réussirent à naturaliser chez ces fiers insulaires ces harmonieuses terminaisons qui caractérisent les idiomes divers des peuples méridionaux. Il est bien vrai, pourtant, qu'il s'opéra sous les Normands une large transfusion de mots français composant, à ce jour, un cinquième, à peu près, de l'idiome britannique. Mais ces mots, en partie déjà tronqués dans leurs finales, sont encore tellement défigurés dans leur prononciation, voire même dans leur acception, qu'ils ont été, pour ainsi dire, dénationalisés : ils ont dû recevoir un nouveau baptême avant d'obtenir ce droit incontestable de cité que la consécration du temps peut seule conférer.

En 1362, et lorsque apparut le poëte Chaucer, le premier qui ait osé écrire en anglais, Edward III proscrivit la langue importée par Guillaume, et, l'expulsant à la fois de la chaire, du barreau, des écoles, mit entre les deux peuples une barrière de plus. Si la communauté de mœurs, de climat, d'habitudes produit celle du langage, dès que les mœurs, le climat, les habitudes diffèrent, l'on doit s'attendre à un divorce complet entre les idiomes.

Considéré sous le rapport de la civilisation politique, l'anglais est devenu, après la langue française, l'expression la plus complète de toutes les théories susceptibles d'intéresser le bien-être des nations policées. Et dans la pratique, que de points de contact n'avons-nous pas avec les peuples qui se servent de la langue d'Albion, ou, pour le moins, l'entendent!

Au point de vue du tourbillon industriel qui nous entraîne, l'Angleterre nous a servi de guide. La vapeur et les chemins de fer lui doivent presque naissance. Avec des éléments de communication si rapides, convient-il de négliger les moyens de communication plus rapides encore : la parole écrite et parlée? Hâtons-nous donc d'acclimater, de répandre dans toutes nos écoles, même *primaires*, le goût d'une étude qui devrait marcher de pair avec l'étude de notre langue maternelle.

Quelle langue étudiaient les Grecs ? très-probablement l'égyptien. Quelle langue les Romains? certainement le grec. Chacun de ces deux peuples voulait se mettre en communication directe avec le peuple le plus savant, le plus policé de son époque, et reconnu alors comme le dépositaire de la plus grande masse d'instruction existante. L'Université de France, qui marche toujours avec son siècle, a si bien compris cette voie du progrès, que, tout en conservant le premier rang au grec ainsi qu'au latin, comme sources fécondes de toute saine littérature, elle songe à multiplier les chaires de langues vivantes, au premier rang desquelles elle place l'anglais.

Si le parallèle entre l'importance du grec et du latin, comparée à celle de l'anglais, n'est pas d'une rigoureuse exactitude, quant à certaines formes littéraires ou quant à d'autres spéculations morales, je n'y vois qu'un stimulant de plus; parce que, chez nous, les lois, les mœurs et l'organisation sociale se rapprochent bien plus des lois, des mœurs et de l'organisation sociale de nos voisins d'outre-Manche que de tout ce que nous connaissons des Grecs et des Latins. De plus, n'avons-nous pas sous la main, dans le commerce journalier, un guide pour les écueils à éviter comme pour les perfectionnements à réaliser? C'est en mettant à contribution la puissance intellectuelle de tous les peuples, que l'Angleterre a pu s'élever à ce point de prospérité colossale qui la place au premier rang des nations civilisées, et lui a fait RÊVER cet empire exclusif des mers que, malgré elle, les Américains du nord, la France, et plus tard la Russie, sont appelés à partager.

Si nous avons, en son temps, secoué sur Albion le flambeau d'une partie de notre propre civilisation, nous en avons été amplement payés par des emprunts dont personne aujourd'hui ne conteste la valeur réelle. De part et d'autre il y eut maintes fois flux et reflux. Nous avons inoculé à nos voisins le *goût* dans les beaux-arts, cette politesse exquise qui a laissé plus d'une trace dans leur littérature sous les règnes de Charles II et de la reine Anne; nous leur ouvrons depuis vingt-cinq ans les trésors de nos cours de la Sorbonne, du collége de France, et du *Jardin des Plantes;* ils s'asseyent gratuitement au banquet de la science, auquel sont conviées toutes les nations policées et celles qui visent à le devenir. Ils nous doivent également les perfectionnements et de fécondes applications de la méthode expérimentale, si fortement recommandée dans les sciences physiques par Bacon et Newton. A leur tour, ils nous ont transmis leurs *idées*, mais surtout leur pratique, sur les droits et les devoirs de l'homme en société. En un mot, imbus qu'ils sont du *positif* de la vie, ils ont fait notre première éducation politique.

D'ailleurs, s'il est vrai que la France et l'Angleterre, ainsi que l'ont proclamé des orateurs illustres, « *aient pour mission de présider aux* « *destinées de la civilisation, de les préparer, de les* « *diriger pour le bonheur des peuples*, » quoi de plus important que d'avoir à sa disposition les deux plus vastes moyens de communication, les deux plus puissants leviers de cette propagande intellectuelle : nous voulons dire, les deux langues anglaise et française ? L'union de ces deux instruments semble déjà devenue tout aussi nécessaire que l'alliance déjà proclamée des deux nations, qui désormais, au lieu de consumer leurs forces en luttes sanglantes, les joindront pour hâter les progrès de la civilisation générale.

Maintenant, n'oublions pas que du cap Nord à Saint-Pétersbourg, en explorant toutes les sinuosités de la Baltique, l'anglais est entendu du plus simple matelot de ces populations riveraines ; que, de Saint-Pétersbourg à Odessa, au fond de la mer Noire, nul idiome étranger n'y est plus répandu ; que de Constantinople à Canton, soit en touchant par mer au cap de Bonne-Espérance, soit par la mer Rouge ou le golfe Persique, ou le Tigre et l'Euphrate, pour explorer l'intérieur de l'Asie, sauf dans quelques localités, c'est encore la langue commerciale dominante ; que de la baie de Baffin jusqu'à l'isthme de Panama, l'anglais est généralement employé dans tous les genres de transactions ; enfin, que parmi les myriades de vaisseaux qui sillonnent les mers, ceux dont on voit le plus souvent flotter les pavillons appartiennent à l'Angleterre et aux États-Unis, ces enfants naguère émancipés de la fière Albion. Quant à l'Amérique méridionale, quel autre idiome, si l'on en excepte l'espagnol et le portugais, y est le plus pratiqué? je dirai encore l'anglais. Et tous les hommes qui sont un peu versés dans l'histoire politique des cinquante dernières années n'ont pas du tout besoin de demander pourquoi. Il n'est pas jusqu'à l'Hindou de Calcutta (dit M. Villemain) qui non-seulement n'étudie sérieusement la langue usuelle, mais encore ne cultive la littérature anglaise, et surtout Shakspeare, pour lequel il professe un culte presque religieux. Je ne dis rien des terres australes, où tout un vaste continent, et peut-être plusieurs, sont appelés, d'ici à moins d'un siècle, à n'avoir point d'autre langue. L'anglais enlace donc presque en son entier le monde maritime; et ce n'est pas exagérer que de porter le chiffre des habitants du globe qui l'entendent ou le parlent, à DEUX CENTS MILLIONS!

Or, s'il est bien matériellement démontré, ainsi que je l'ai fait par la statistique des lieux, que, à part la langue française dont il est superflu de rappeler ici l'universalité (1), c'est autour de la langue anglaise, comme au sein des peuples innombrables qui la cultivent, que viennent se grouper les produits, les besoins qui relient entre eux les membres épars de la civilisation générale ; s'il est bien évident pour nous que les populations auxquelles elle est plus ou moins familière servent, pour ainsi dire, de ceinture à l'univers ; hâtons-nous, dis-je encore, d'ajouter à la puissante influence que nous exerçons déjà celle d'un organe de plus, pour aider à la diffusion de nos idées civilisatrices.

La culture des lettres y trouvera son profit ; car peu de langues, après la nôtre, offrent, autant que l'anglais, un vaste champ à explorer sous le point de vue des productions littéraires. De Chaucer à Byron, d'Addison à miss Martineau, de Gibbon à Thomas Little Moor, de Smollett à Walter Scott, et de Locke au colonel Hamilton, sous combien de formes variées la pensée de l'homme ne s'est-elle pas reproduite, élevée, embellie ! Si l'on arrivait à rendre populaire l'étude de l'anglais, peut-être parviendrait-on, par ce moyen, à faire disparaître des plus étroites localités tous ces patois français qui, ne pouvant servir d'utiles auxiliaires à l'étude d'une langue

______

(1) Aujourd'hui, en Turquie, le procès-verbal des séances du conseil d'utilité publique est rédigé *en français* et en turc.

étrangère, s'effaceraient avec le temps. Alors, seulement alors, l'on pourrait voir s'établir en France cette homogénéité de langage qui concourt si efficacement, dans les moments critiques, à l'unité d'action. Tel est encore le vœu d'un vieux, d'un bon Français!

AVANT-PROPOS.

MM. de Bonnefoux et Dubreuil, entre tant d'autres dont les ouvrages me sont inconnus, ont épuisé tout ce que l'art nautique pouvait attendre de la science. Ce n'est donc point sur leurs brisées, ni à l'imitation de ces hommes spéciaux et hors de ligne, que je me présente au monde navigateur; je viens seulement lui offrir des exercices pratiques de conversation, de correspondance, de communications à la mer, et la traduction en termes techniques des manœuvres principales propres à cet art si compliqué et si difficile.

De tous les arts qui réclament plus ou moins les secours de la technologie, il en est peu qui soient plus esclaves de ses exigences que l'art de la marine; en anglais surtout, où une infinité de mots, tels que *thwart, conding, leach, sue, chain-wales, tight* de la langue usuelle, changent de physionomie, d'orthographe et de son ; témoin les expressions ci-dessus qui deviennent, aujourd'hui, *thwat, conning, leech, taut*, *sew* et *channels*. D'autres ont étendu leurs acceptions, témoin *overhaul*, qui remplace *search*. Comprend-on ce que signifient les mots *whiskers*, *pampero*, *shanker*, *short-stay-peak*, *cuf*, *star-gazers*, *sneezer*, *sky-scraper*, etc.? j'en doute. Si donc on veut comprendre et être compris, il faut rafraîchir de loin en loin son vocabulaire et le mettre à la hauteur des modifications du jour.

Dans mes rares exercices de manœuvre, j'ai beaucoup puisé, pour le texte français, dans les deux auteurs précités — on n'emprunte qu'aux riches.—Sans doute il s'en faut que j'aie fait face à tous les besoins, mais la loi du progrès est là : j'aurai des continuateurs.

Tous les marins du monde appartenant soit à la marine militaire soit à la marine marchande, tous les commerçants, savants ou curieux qui naviguent, ont quelque teinture de la langue anglaise ; je crois donc leur être utile en faisant précéder ce Manuel d'un précis très-succinct de grammaire anglaise. Tout en me resserrant, quant aux premiers éléments, dans des bornes aussi étroites que possible, je m'efforcerai de jeter quelque lumière sur les points les plus importants restés jusqu'à ce jour dans une obscurité presque complète : je veux parler des éléments de la conjugaison, puis des prépositions, qui jouent un rôle si important dans la composition des phrases ; leur sens elliptique est ce qu'il y a de plus ardu : je ferai mon possible pour être clair, et surtout logique.

Dans les exercices sur la conversation nautique, je multiplie les phrases interrogatives, parce qu'en anglais elles s'écartent davantage de la phraséologie française, tandis que la proposition affirmative revêt assez généralement la même forme dans les deux langues.

A mes anciens camarades, aujourd'hui tous officiers supérieurs dans la marine royale.

Je vous adresse cet ouvrage, vous à qui les chances de notre début commun dans la carrière navale ont été justement favorables ! A vous, les Charmasson, les Nerciat, les Rigaudit, les Grebbe, les Bonnefoux, et tant d'autres dont les noms m'échappent et figureraient si honorablement ici ! — A vous qui, fécondant par vos travaux les loisirs de la paix, comprendrez l'utilité de ce livre ! — A vous qui savez par expérience qu'une des plus belles prérogatives de la marine, c'est de pouvoir, par la découverte de nouvelles contrées, reculer les limites de notre patrie, sans qu'il en coûte une seule goutte de sang à l'humanité ! — A vous qu'une longue et désastreuse captivité n'a pas déshérités de l'avenir, n'a pas frustrés des avantages attachés à notre belle carrière, la plus belle entre tant d'autres ! Et j'ai la certitude d'assurer le succès de mon œuvre, en la plaçant sous la triple égide de la valeur, du talent, et des souvenirs de notre commun début. On peut servir son pays autrement que par son épée ; et quand l'adversité condamne ceux qui l'ont portée à la laisser se rouiller : le champ si vaste de l'intelligence offre assez de conquêtes à réaliser pour satisfaire un légitime orgueil.

Or, il n'en est pas un parmi vous qui, soit dans les expéditions dont vous avez été chargés, soit dans celles que vous avez dû confier à vos subordonnés, n'ait eu à déplorer la nécessité d'avoir recours à des truchements, pour accomplir ou voir s'accomplir la mission dont la connaissance pratique de l'anglais eût aplani bien des difficultés.

En effet, supposons qu'un officier, quel que soit son grade, ait à recevoir une communication d'un navire à la mer, ou qu'il en ait une à lui faire, le tout subitement. Cet officier n'aura pas sous la main un dictionnaire ni deux heures de loisir pour formuler sa pensée, ou recevoir et traduire la communication du navire qu'il hêlera, ou par lequel il aura été hêlé. De plus, il est fréquemment arrivé qu'un navire anglais, hêlé en français, n'a pas voulu répondre, bien que plusieurs marins de son équipage parlassent cette langue dans laquelle on les entendait converser au moment même (1).

Vous tous, mes anciens camarades, par suite de cette captivité plus ou moins longue, et qui nous fut commune, vous pouvez apprécier mieux que d'autres combien, chez les Anglais, la construction des phrases les plus simples diffère, dans l'interrogation surtout, de la construction française ; mais cette différence s'accroît encore dès qu'il s'agit de la langue nautique. Il y a donc urgence pour vous tous, dans l'intérêt de notre marine, à seconder ici mes efforts.

A l'appui de l'urgence, je dirai : Si, dans un gros temps, ayant des avaries, vous vous trouvez à por-

(1) Renseignements communiqués, tout récemment, par plusieurs officiers de marine, de divers grades.

tée d'un navire suédois, russe ou danois, vous êtes presque certain que parmi les officiers, et même parmi un assez grand nombre des gens de l'équipage, il se trouvera quelqu'un qui *entendra* et *parlera* l'anglais; ou, du moins, en comprendra les principales locutions nautiques. Mais toute communication, dans de pareilles circonstances, veut être *rapide* comme le danger, et jamais *étudiée*.

Si, ayant pour alliée l'une des marines du Nord, vous vous trouvez faire partie d'une expédition nocturne composée de canots ou péniches, et que, dans la mélée, quelques-unes des embarcations, combattant sous le même drapeau, se heurtent, s'abordent et se fassent des avaries, puis aient besoin de se concerter sur telle ou telle manœuvre, etc., etc., alors la communication faite ou reçue exige encore plus de rapidité.

Si vous êtes *ennemis*, et que, par une nuit obscure, ou de jour au milieu d'un brouillard épais, vous vous trouvez mêlés, n'est-il pas de la plus haute importance que vous puissiez surprendre la connaissance des projets de vos voisins par les rares monosyllabes qui leur échappent?

Enfin, si, dans une expédition combinée, l'officier d'un grade supérieur au vôtre, et auquel était dévolu le commandement, vient à être tué, et que, par la force des événements, vous soyez dans le cas d'assumer subitement la responsabilité de ce même commandement, alors dans quel embarras ne vous trouverez-vous pas, si vous ne pouvez transmettre vos ordres à vos alliés, comprendre leurs réponses, leurs objections? Quels désastres n'en peut-il pas résulter, puisque, très-souvent, du plus ou moins de célérité dans une manœuvre , dans un parti à prendre, dépend la victoire ou la défaite !

Dans un port anglais ou américain , s'agit-il d'un grand radoub, de vivres à faire , d'un article des lois internationales, ou d'un traité de commerce à expliquer ; sans la connaissance pratique et théorique de cette langue , vous êtes exposé à être dupe d'une équivoque, ou bien à subir les délais onéreux, souvent irréparables, d'une interprétation INTÉRESSÉE chez la partie adverse.

Si donc, ainsi que je l'espère, vous pensez que ce petit ouvrage soit un utile auxiliaire , un appendice obligé des connaissances si variées que doit posséder l'homme de mer, aidez-moi à le propager, afin qu'il devienne le *veni-mecum* de l'officier, mais surtout de cette brillante jeunesse aujourd'hui l'espoir de la patrie, de cette jeunesse qui doit, à votre exemple , déployer dans les combats cette intrépidité que vous avez su allier au coup d'œil le plus sûr. Puisse-t-elle vous imiter encore, en consacrant, comme vous l'avez fait, les loisirs de la paix aux conquêtes pacifiques de la science !

L^s. DE GÉRIN-ROZE ,

Unique et vieux débris du lougre l'*Affronteur*.

Paris, 29 juillet 1840.

Aux élèves de l'École navale, ainsi qu'à ceux de la marine royale.

MES JEUNES CAMARADES,

En offrant à vos méditations les trois opuscules composés dans le but d'être utile à votre avenir, je crois combler une lacune qui, à votre âge, fut pour moi la source de difficultés inextricables. Puissent-ils vous affranchir de la situation déplorable où l'ignorance de la langue anglaise me plaça si souvent; puissent quelques-uns des sujets qu'ils traitent vous devenir d'autant plus familiers que, dans vos exercices de chaque jour, vous vous en serez plus ardemment occupés dans les deux langues ! Alors, rajeunissant mes souvenirs, je croirai de nouveau faire partie de la noble et grande famille des marins dont je fus jadis membre, et je me trouverai dédommagé de tous les mécomptes d'une carrière violemment interrompue sur les pontons d'Angleterre : carrière qui, dans un âge avancé, fait encore l'objet de tous mes regrets, comme elle a toutes mes sympathies.

Les connaissances que je vous offre, je les ai acquises dans une dure captivité; je désire qu'elles puissent former comme un appendice naturel à toutes les brillantes études auxquelles vous vous livrez, tant dans l'intérêt de la patrie que dans celui de votre gloire future. J'ai prononcé le mot de *Gloire*, et mon unique ambition serait de pouvoir contribuer à la vôtre. Tel est le vœu de celui dont les années n'ont pu refroidir le cœur, et qui éprouve un indicible bonheur à se dire encore une fois (1)

Votre vieux camarade,

L. DE GÉRIN-ROZE.

(1) Cette préface, inspirée par les loisirs d'une longue paix et dans l'espoir de sa durée, court le danger de n'être plus en rapport avec les circonstances. La guerre maritime s'annonce menaçante ; avec elle, un vaste horizon de gloire se déroule. Puissent mes anciens camarades comprendre l'utilité de l'auxiliaire que je viens leur offrir ! il ne pouvait leur arriver, je pense, dans un moment plus opportun. Puisse sa date, qui rappelle un chant de victoire, être d'un bon augure pour les événements dont l'avenir est gros, et dans l'heureuse péripétie desquels chacun d'eux est appelé à jouer un rôle qu'envieront tous les enfants de la France !

Paris, 29 juillet 1840.

N. B. Ce livre comprend trois ouvrages très-distincts, qu'on peut acquérir séparément, à 3 fr. l'un; les trois en un seul volume, 8 fr.: 1° *La Partie grammaticale;* 2° *Les Conversations nautiques;* 3° *La Vie et les Devoirs de l'Élève de la Marine britannique,* où se trouvent convenablement encadrées presque toutes les difficultés de la technologie navale.